Katrin Lammert

Über Manifestation, Heilen und HEILUNG

Teil 2 der Schriftenreihe aus dem Cosmic Consciousness

Bibliografische Information der Deutschen
Nationalbibliothek:
Die Deutsche Nationalbibliothek verzeichnet diese
Publikation in der Deutschen Nationalbibliografie;
detaillierte bibliografische Daten sind im Internet
über < http://dnb.de> abrufbar.
© 2020 Katrin Lammert
Herstellung und Verlag: BoD - Books on Demand
Norderstedt

ISBN: 978-3-751919579

Hinweis: Der Buchstabe ´ß´ wird in diesem Buch nicht
verwendet.

Weitere Titel dieser Reihe :

Über die LIEBE
Über den Spirituellen LEHRER

Die Autorin: geb. 1970, eine Tochter

Internet-Blogs:

aktuell: Blog meinatlantis - seit 2018
Blog *KatiLa´s Weltbetrachtung* - September 2016 - Herbst 2017
Blog *Just writing!* - von 2012 bis Frühjahr 2016

Bisherige Veröffentlichungen seit 2007 per BoD:

meinatlantis - Die Wirklichkeit hinter dem Begriff "Dualseelen"- Reloaded (2020)
Sanft wie Schafe II - Auf der Suche nach Menschen mit Cosmic Consciousness (2020)
Alltägliche Merksätze für Inneren Frieden (2019)
Dualseelengedichte - (2017)
meinatlantis - das Original (2017)
Mein Blog: Just writing! - Das Buch (2017)
Die Göttliche Beziehung (2015)
Beyond Dunbury – Roman (2014)
SOS hilfreiche Gedanken für Dualseelen (2014)

unter dem Pseudonym Cathérine Cordero:

Im Herzen Löwen - *Interview mit einer Dualseele* (2010)
Seelenseen. *Gedichte II* (2008)
Sanft wie Schafe - *Eine wahre Dualseelengeschichte* (2008)
Heimatlose Welten. *Meine Gedichte* (2007)

Vorwort

Während die Schulmedizin mit immer mehr Technik und Chemie aufwartet, wird unsere moderne menschliche Gesellschaft stetig kranker. Kranker im spirituellen Sinne, und so lange das so ist, wird sie auch ihre physischen Leiden niemals überwinden. Denn die Grundlage für alles und für alle ist SPIRITUALITÄT.

Spiritualität ungleich Esoterik.

Spiritualität ungleich Religion.

Spiritualität ist das natürliche innerliche Angebundensein des Menschen an GOTT mit dem Zweck des bewussten Erlebens dieser inneren Beziehung, auch und gerade im Alltag. Wir verstehen GOTT als BEWUSSTSEIN, und es gibt nur *ein einziges* Bewusstsein, an dem wir alle lediglich Teilhabende sind. BEWUSSTSEIN, also GOTT ist die Ursache für ein jegliches Amlebensein. ER ist der, der uns atmen lässt.

Wer sich von seinem BEWUSSTSEIN innerlich abwendet, wendet sich von LEBEN ab, von GLÜCK LIEBE FRIEDEN und GESUNDHEIT, die allesamt Synonyme für GOTT sind, die wiederum alle nichts anderes als von einem Menschen *erlebbare* Wirkungen dieses BEWUSSTSEINS in ihm selbst sind. Insofern hapert es bei den selbsterklärten Materialisten nur an einer verkehrten Vorstellung von dem, was GOTT in ihrem individuellen Leben ist.

Gleichzeitig nimmt diese Entität, sofern wir es zulassen, persönlichen Kontakt mit einem jeden von uns auf, um uns individuell betreut durch unser Alltagsleben zu navigieren. Dies ist die erste und die wichtigste Beziehung, die wir Menschen im Leben haben. Je höher das Bewusstsein eines Menschen, d.h. je grösser seine innere Wahrnehmungsfähigkeit dieser Beziehung ist, desto deutlicher erfährt derjenige die Göttlichen Wirkungen in seinem individuellen Leben.

Das Anwachsen dieser innerlichen Wahrnehmungsfähigkeit auf dem spirituellen Entwicklungsweg der Menschheit lässt sich der Anschaulichkeit halber in Stufen einteilen. Natürlich ist BEWUSSTSEIN immer dasselbe, und nur eins, doch die unterschiedliche Wahrnehmungsfähigkeit der Menschen bedingt scheinbare Abstufungen. Diese individuell erlebbaren Stufen auf den Ebenen des Bewusstseins habe ich bereits in Teil 1 dieser Schriftenreihe *Über die LIEBE* erläutert, und ausführlicher noch in meinem Buch *Sanft wie Schafe II - Auf der Suche nach Menschen mit Cosmic Consciousness*. Sie basieren auf den Darstellungen

in Richard Buckes Buch *Cosmic Consciousness*[1].
Hier sollen sie nur kurz aufgeführt werden:

- **Animal Consciousness** - das tierische Gruppenbewusstsein
- **Self Consciousness** - das Ego-Bewusstsein der meisten erwachsenen Erdenmenschen
- **Cosmic Consciousness** - das Höhere Bewusstsein, die nächste Entwicklungsstufe, die für jeden Erdenmenschen vorgesehen ist.

Diese drei grossen Ebenen unterscheiden sich markant durch den Grad der Wahrnehmungsfähigkeit des BEWUSSTSEINS in dem betreffenden Individuum. Innerhalb dieser drei grossen, für einen Menschen erreichbaren Ebenen gibt es wiederum unterschiedliche Abstufungen.

Um vom Self Consciousness über die hohe Schwelle ins Cosmic Consciousness zu gelangen, erfordert es einen Impuls aus dem Höheren Bewusstsein, d.h. es ist *nicht* vom Self Consciousness aus, also aus dem Eigenwillen heraus verfügbar. Dabei wird der betreffende

---

[1] Cosmic Consciousness, A Study in the Evolution of the Human Mind, von Richard Maurice Bucke (gest. 1899)

Mensch stets von einem spirituellen LEHRER aus der Höheren Ebene begleitet.[2]

Der Weg in dieses nächsthöhere Bewusstsein ist bekannt als *der Spirituelle WEG*. Auf diesem dreht sich alles für das Individuum darum, seine bisher getrübte Beziehung zu seinem GOTT = sein getrübtes individuelles Wahrnehmen aufzuklaren, mit einem anderen Wort: zu HEILEN.

Ich bekam in meinem persönlichen Alltag von GOTT innerhalb kurzer Zeit zwei Steilvorlagen geschenkt, die mich gründlich zum Thema HEILUNG denken liessen: ein Darmtumor im Herbst 2019 und ein halbes Jahr später das chaotische Szenario rund um ein „Virus", das sich rasch in „Pandemie" umbenennen lassen musste.

Deine Aufgabe für dein Leben ist es, die Lektionen deines „persönlichen Leides" zu erkennen, weiterhin zu erkennen, dass nur dein Ego leiden kann, und den WEG zurück in die Leidlosigkeit anzutreten. Das ist die hohe Kunst, die allüberall von den spirituellen Weisen beschrieben wurde und wird. Wie lang dieser WEG noch für dich ist, kann dir niemand sagen und würde dir niemand sagen, der es wüsste.

---

2 vgl. aus dieser Reihe Teil 2: Über den spirituellen LEHRER sowie ausführlich analysierte Beispiele in Richard Buckes Buch Cosmic Consciousness.

Denn Vorsagen funktioniert nicht auf dem spirituellen WEG.

Dem Menschen wurde, als er aus dem paradiesischen Urzustand hinunter auf die Erde gebracht wurde, die Erkenntnis von Gut und Böse mitgegeben. Das geschah, nachdem er vom Baum der Erkenntnis gegessen und daher dieses Bewusstsein über Gut und Böse erlangt hatte, so berichtet man uns sinngemäss in der Bibel (Genesis). Den Baum des (ewigen) LEBENS durfte er jedoch nicht berühren bzw. nicht von dessen Früchten essen. Wie ist das zu verstehen?[3] Meistens erschliessen sich uns unverständliche Aussagen, wenn ein zentrales Wort durch ein anderes Wort ersetzt wird. Das ist z.B. immer der Fall, wenn wir etwas über den CHRISTUS erfahren wollen und daher den Kunstnamen „Jesus" durch CHRISTUS ersetzen. Nicht Jesus heilte, sondern der CHRISTUS heilte. Im obigen Beispiel aus der Genesis geht es nicht um Bäume oder Früchte, sondern um Bewusstsein.

Dem Menschen wurde, als er als er aus dem paradiesischen Urzustand des Animal Consciousness hinunter auf die Erde gebracht wurde, die „Erkenntnis von Gut und Böse", also

---

[3] Diese Deutung lehnt sich an Buckes Deutung in dessen Buch Cosmic Consciousness an.

die Fähigkeit dazu mitgegeben, was nichts anderes bedeutet als das Self Consciousness oder Ego-Bewusstsein zu erleben. Das Bewusstsein des ewigen LEBENS durfte er jedoch nicht berühren = erhalten bzw. nicht von dessen Früchten essen = nicht ins Cosmic Consciousness hinaufsteigen. Der Mensch wurde mit Egobewusstsein ausgestattet in die freie Wildbahn entlassen.

Dieses ist die hauptsächliche menschliche Wahrnehmungsstufe, die auf diesem Planeten noch heute flächendeckend anzutreffen ist. Wir wollen hier nicht über die Hintergründe dieses Geschehens rund um „Eden" spekulieren, sondern schauen, was mit unserem Verständnis von Gesundheit, Krankheit und Heilung passiert, wenn wir endlich vom Baum des LEBENS kosten.

Hier noch der übliche Hinweis:

Wie immer übernehme ich keinerlei Verantwortung für Handlungen, zu denen sich die Leser meiner Bücher nach Lektüre motiviert fühlen.

Ich verweise auf eure Eigenverantwortung.

Ich schreibe als Privatperson und bin weder Ärztin noch Therapeut. Diese solltest du zu Rate ziehen, bevor du dich aufmachst um deine persönlichen, vielleicht schwerwiegenden gesundheitlichen Probleme anzugehen.

Es schadet nicht, zu einem Arzt zu gehen, wenngleich das Gebahren und die Aussagen desselben stets kritisch mit dem gesunden Menschenverstand zu prüfen sind und ggf. eine zweite oder dritte Meinung eingeholt werden sollte.

Leider kann ich nach meinem Dafürhalten auch keine wildromantischen esoterischen Therapien empfehlen; Panikzustände, Traumata u.ä. gehören in die Hände eines abgeklärten und bevorzugt rein weltlich orientierten Fachmannes/Fachfrau, der bzw. die mit beiden Beinen vollständig hier auf der Erde steht und viel irdische Berufserfahrung aufweist. Das ist meine eigene (sehr positive) Erfahrung vor etlichen Jahren gewesen.

Jeder MUSS für sich selbst bestmöglich sorgen. Es hilft nichts, das Kind mit dem Bade auszuschütten, und berechtigte Kritik an Ärzten und Schulmedizin ist daher eine Sache, doch wir alle befinden uns noch im Bann des Self Consciousness, und wir dürfen die daraus resultierenden, für uns hilfreichen Aspekte sehr wohl für uns nutzen. Wie gesagt: stets unter Einbeziehung des gesunden Menschenverstandes.

In der Wellness-Esoterik ist es leicht, sich Zertifikate im Internet zu erkaufen und daraufhin Geschäftsdienste anzubieten. Habt das bitte im Hinterkopf, wenn ihr irgendetwas dort ansteuert. Nicht alles dort ist geeignet, jemanden hierher zurück zu holen, der nicht geerdet ist und mit einem Grossteil seiner Persönlichkeit irgendwo im All umherschwebt.

Grundsätzlich ist es nicht weise, die Eigenverantwortung blauäugig an andere abzugeben. Ein Darmtumor *muss* in jedem Fall (so sehe ich das) operiert werden, und *danach* kann alles weitere an Erkenntnis und Themabearbeitung erfolgen, und das ist meine persönlich erlebte Erfahrung. Seid *vernünftig*!

Manifestation

Um das Thema HEILUNG und Heilen beleuchten zu können, müssen wir uns zunächst anschauen, wie Manifestation vor sich geht, also das Inslebenrufen von Situationen und Dingen durch das (menschliche) Bewusstsein. In diesem Akt der *sub-creation* (Ruby Nelson[4]), der Sekundärschöpfung also, dient uns GOTT als die *alleinige* uns zur Verfügung stehende KRAFT. GOTT hat uns als Menschen also so ausgestattet, dass wir kraft unseres Anteils an IHM = an BEWUSSTSEIN alles in unser Leben hineinholen können, was wir (glauben zu) benötigen. ER überlässt uns also einen Teil der Entscheidungsgewalt über diese Inkarnation, die wir als Individuen erleben.

Ich aus mir selbst heraus kann nichts tun - doch mit GOTT ist alles möglich.
Das ist der Grundsatz, dem jeder Mensch ausnahmslos folgt, auch wenn ihm das noch nicht bekannt ist, und das bereits lebenslang.

---

[4] The Door of Everything, von Ruby Nelson, De Vorss & Co. Verlag, Marina Del Rey, USA., 1963; dt.: Das Tor zur Unendlichkeit, Aquamarin Verlag, Grafing, 3. Auflage 1999

Der Mensch im Stadium des Ego-Bewusstseins, also Self Consciousness, hält sich irrtümlich für autark, d.h. er meint, keinen GOTT zum Leben zu brauchen und erträgt lieber die Konsequenzen aus dieser Fehlannahme, wie z.B. Ängste, Einsamkeit, Unsicherheit, Verletzlichkeit, Sorgen, Kummer, Nöte, Schmerzen, Armut, Verlust, Krankheiten, d.h. Mangel jeder Ausprägung, und insgesamt mit einem Wort: Leid.

Himmel und Hölle sind, das haben wohl die meisten Menschen begriffen, keine Orte, sondern innere Zustände des Menschen. Nur wo der Mensch ist, ist HIMMEL und ist HÖLLE, je nachdem, wie seine Wahrnehmung ausgeweitet ist oder eingeengt. Der Himmel oder mit poetischerem Begriff: das Königreich GOTTES, wird regiert von GOTT, also von reinstem BEWUSSTSEIN. In dieses Himmelreich = diesen Zustand zu gelangen ist Ziel jeder spirituellen Übung. Es ist (nur) zu Lebzeiten möglich, dort hinzugelangen, denn niemand macht durch den physischen Erdentod einen plötzlichen Bewusstseins-sprung in ein so hohes Bewusstsein, dass er oder sie plötzlich *dort* ist. Das wird uns natürlich anders weisgemacht, warum, sehen wir ganz nebenbei im Verlauf dieses Buches.

Der spirituelle WEG bedeutet schmerzhafte innere Arbeit und ein beständiges Loslassen von allem für die Beziehung mit GOTT Hinderlichem, was ausgedrückt wird durch das Bild vom „Sterben mitten im Leben" aus der Sufi-Tradition.

Die höllischen Zustände resultieren allesamt aus dem Self Consciousness, der Wahrnehmungsstufe, auf der es zu allem ein Gegenteil geben muss. Sie sind nichts als Irrtümer aufgrund einer eingeschränkten Wahrnehmung. Wer sich ins Cosmic Consciousness hineinbewegt, erkennt diese Irrtümer der Reihe nach und wird, nach anfänglichen kurzen Ausflügen, schliesslich ein ständiger Bewohner des HIMMELS.

Der Mensch erschafft sich also seine persönliche Hölle durch fehlerhafte Annahmen über sich, das Menschsein, GOTT und seine Beziehung mit IHM. Auf dieser Basis manifestiert er sich allerlei Dinge und Situationen, die daraufhin in seinem persönlichen Leben erscheinen, *Gestalt annehmen*.

Wie funktioniert das?

Zunächst benötigen wir einen Glaubenssatz, der als Zielanweisung dient, mit dem wir also GOTT sagen, was wir erschaffen wollen. Unser Beispiel lautet: eine Grippe.

Woher haben wir unsere Kenntnisse über „Grippe"? Wir haben gelernt, was bei einer Grippe passiert und dass sie hervorgerufen wird durch sog. Viren, kleine, für unsere laienhaften Augen unsichtbare Wesenheiten mit schädigender Absicht. Von wem haben wir das gelernt? Von Autoritäten in der Welt der Menschen im Self

Consciousness, Leute, die studiert und geforscht haben und uns daher berichten können, was „Grippeviren" sind und was sie tun, wenn sie in einen Menschen eindringen, kurz: *Experten.* Das sind Ärzte, Virologen, Wissenschaftler also.

Daraufhin sieht sich der solcherlei informierte Mensch als potentielles Opfer einer irgendwo da draussen lauernden Gefahr, die stets sprungbereit ist und ihn *erwischt,* wenn er sich nicht entsprechend *schützt* (eine Grippe-Impfung bekommt, zum Beispiel).

Nun wird Winter und den Nachbarn hat sie ereilt: die Grippe. Als nächstes ist der Ehepartner dran, die Einschläge kommen also immer näher. Zeitgleich erscheinen etliche Berichte in Zeitungen und Radio und Fernsehen und Internet: *Die Grippe kommt! Die Grippe kommt!* Der Mensch wappnet sich innerlich - und am übernächsten Morgen wacht er auf und „hat" sie ebenfalls „bekommen", die Grippe.

Er hat sie sich schlicht: erfolgreich herangeholt = herbeimanifestiert. Wie hat er das geschafft?

Aus GLAUBEN wird VERTRAUEN und dadurch ERFAHRUNG

Wir brauchen die folgenden Zutaten für eine erfolgreiche Manifestation, die in einem gewissen Zeitablauf oder auch ohne Zeitverzug spontan in einem Menschenleben vor sich gehen kann. Man nehme:

1. einen Glaubenssatz, z.B.: *Die Grippe kommt!*
2. eine nach unserer Einschätzung glaubwürdige Autorität, die ihn uns sagt und/oder bestätigt (Arzt, Virologe, Institut, Labor, WHO, ...), ggf. zur Beschleunigung viele Autoritäten, die alle dasselbe sagen (gleicher Wortlaut, Signalwörter, Statistiken), z.B. verbreitet über Massenmedien
3. den daraus abgeleiteten persönlichen Glauben daran, dass der Satz bzw. damit bezeichnete Sachverhalt der Wahrheit entspricht
4. zur Verstärkung die gleichzeitige Versicherung der Autorität, dass wir machtlos sind, Schutz brauchen
5. eine mit dem Glaubenssatz und der Machtlosigkeit gekoppelte starke Emotion, z.B. Angst
6. zur Beschleunigung sichtbare, beispielhafte Fälle von bereits betroffenen Menschen, je näher sie uns stehen, desto besser; sowie weitere Glaubende, je mehr, desto schneller und effektiver funktioniert die *gemeinsame* Manifestation
7. schliesslich das zweifellose Vertrauen des Individuums darauf, das nächste Opfer zu sein,

und voilà. Der Mensch ist ein Manifestierer.

Dieses Prinzip funktioniert unfehlbar immer und einwandfrei.
Auf diese Weise hast du alles in dein Leben gezogen, was dort auffindbar ist. Der Knackpunkt war deine bisherige Unkenntnis über diesen Mechanismus und zudem dein relativ niedriges Gewahrsein von BEWUSSTSEIN **in dir,** das dich von der Erkenntnis der KRAFT **in dir** fernhält. Wüsstest du, wer in deinem Leben jegliche WIRKUNG hervorruft, würdest du dich für immer sicher fühlen und niemals mehr als machtloses Opfer „der Umstände". Wenn ein Glaubenssatz bereits im Massenbewusstsein, im gemeinsamen Massen-Reservoir also, verankert ist, brauchst du auf den bereits fahrenden Zug, also das schon sehr starke gemeinsame Glaubensfeld, nur noch aufzuspringen. Allein etwas Unpopuläres, Neues zu manifestieren, gegen diese Strömung, ist weitaus schwieriger und erfordert felsenfestes VERTRAUEN in eine entsprechend gewählte Autorität. Z.B. ... GOTT.

Wem du Autorität verleihst, dem schenkst du deinen GLAUBEN = deine KRAFT.
Warum sollten wir Menschen die Autorität irgend jemand anderem zugestehen als dem, der *als Einziger* all-mächtig ist?

Glauben bedeutet, ich stelle die mir von GOTT zur Verfügung gestellte KRAFT in den Dienst der Verwirklichung einer Idee von jemandem, und dies ist in der Regel nicht GOTT, sondern eine andere, irdische Autorität.

GLAUBEN WIRD VERTRAUEN WIRD ERFAHRUNG[5]

Um diese eine und einzige Manifestationsformel zu verstehen, müssen wir zunächst begreifen, was GLAUBE ist, also engl. *belief*.

Wir kennen das Verb „glauben" aus religiösen = „unwissenschaftlichen" Zusammenhängen, sowie als Aberglaube des einfach gestrickten Volkes und von Esoterikern und schliesslich als Leichtgläubigkeit, besonders von Kindern, Frauen und einfältigen Männern in geschäftlichen Angelegenheiten. In allen diesen Varianten ist in unserem Alltagsverständnis eine gewisse Naivität und Schwachheit mit „glauben" verknüpft. So wurde es in unser inneres Glaubenssätze-Reservoir, der innerlichen Bibliothek der Grundsätze, wie diese Welt angeblich ist, einsortiert.

Seit die sog. „Wissenschaft" sich zum Herrscher über das Ego-Bewusstsein aufgeschwungen hat,

---

[5]dt. nach Ruby Nelson: *Belief turns to Faith turns to Experience*

wurde der GLAUBE endgültig ins Reich der Einhörner verwiesen. Das ist eine Folge der Programmierung, d.h. des absichtlichen Beeinflussens unserer Ansammlung von Glaubenssätzen „wie die Welt ist".

GLAUBE oder als Verb: *glauben* ist jedoch gar keine naive Lebenseinstellung, sondern das kraftvolle Anwenden eines universellen Prinzips der Manifestation. GLAUBE verändert deine Grundeinstellung und erzeugt Bereitschaft in dir zum Ankommen des Erwünschten. Kennzeichnend ist die Freiwilligkeit: GOTT lässt jeden von uns glauben, was er oder sie will. Daher sind wir als Wesenheit „Mensch" mit der *gottgegebenen Fähigkeit* ausgerüstet, nach unserem GLAUBEN geschehen zu lassen.

GLAUBEN = etwas oder jemandem eine bestimmte Eigenschaft oder Fähigkeit und die daraus resultierende Wirkung zuschreiben.
Dieser etwas oder jemand kann ein Virus sein, eine Tablette, ein sog. esoterischer Heiler oder GOTT. Das ist deine freie Wahl. Wem schenkst du deinen GLAUBEN?
Jesus aber sprach zu ihm: Wenn du könntest Glauben! Alle Dinge sind möglich dem, der da glaubt.[6]

---

[6] https://bibeltext.com/mark/9-23.htm, Stand 20.04.2020

Die Steigerungsstufe zu Glauben ist VERTRAUEN, das eine noch wesentlich höhere *spirituelle* Ladung bzw. innewohnende KRAFT aufweist. Aus dem theoretischen Zuschreiben einer Fähigkeit ist bereits viele Male selbst oder von nahestehenden Menschen *erlebte* bzw. zumindest an ihnen *beobachtete Erfahrung* geworden, die begründet, dass jetzt sogar *Zweifellosigkeit* herrscht. Es besteht in dem Betreffenden eine nun absolute Sicherheit über das Eintreffen der erhofften oder befürchteten Wirkung. Dabei kann extrem häufige Wiederholung eines Glaubenssatzes durch uns wichtige Autoritäten letztlich nicht nur das An-ihn-Glauben, sondern sogar *blindes* (d.h. trotz bisher nicht selbst beobachteter Phänomene) VERTRAUEN bedingen.

Eine innere Programmierung zu verändern, die bereits von VERTRAUEN gehalten wird, ist sehr schwierig. VERTRAUEN zu können ist eine GOTT-gegebene Fähigkeit des Menschen, denn wer einmal seinem GOTT traut, den soll auch nichts mehr davon wegziehen können. Doch wer glaubt heutzutage noch (an) GOTT?

In der Bibel finden wir folgende Textstelle in Matthaeus,15:28:

Da antwortete Jesus und sprach zu ihr:

*O Weib, dein **Glaube** ist gross! Dir geschehe, **wie du willst**. Und ihre Tochter ward **gesund** zu derselben Stunde.*[7] (Lutherbibel, Hervor-hebungen von mir).

Im englischen Text steht es sogar wie folgt: *Then Jesus answered and said unto her, O woman, great is thy <u>faith</u>: be it unto thee even as thou wilt. And her daughter was made whole from that very hour.*[8] (*King James Bible, Hervorhebungen von mir*)

und: *Then touched he their eyes, saying, **According to your faith be it unto you.*** [9] (*King James Bible, Hervorhebungen von mir*)

Wer glaubt, was alle glauben, und dem schliesslich sogar Vertrauen schenkt, wird ohne jeden Zweifel erleben, was alle erleben. Das schliesslich ist die Konsequenz aus dem Massenbewusstsein, das unaufhörlich von allerlei Autoritäten mit unguten Absichten oder schlicht grossem Unbewusstsein mit irrtümlichen Annahmen (Lügen) gegen das LEBEN gespeist wird.

Machen wir hier einen kurzen Exkurs zur Mainstreamesoterik. Falls du absichtlich etwas manifestieren willst, z.B. ein neues Auto oder einen neuen Liebespartner:

---

[7] https://bibeltext.com/l12/matthew/15.htm, Stand 20.04.2020

[8] https://bibeltext.com/kjv/matthew/15.htm, Stand 22.04.2020

[9] https://bibeltext.com/kjv/matthew/9.htm, Stand 20.04.2020

Weisst du es denn (besser als GOTT), was für dich und deinen individuellen Weg zum GLÜCK das Beste ist? Musst du es aus Eigenwillen gewaltsam zu dir heranholen? Welchen Glaubenssätzen welcher Autoritäten folgst du dabei, denn beides ist vonnöten für deine angestrebte Manifestation? Und was haben diese vermeintlichen Autoritäten davon, dir weiszumachen, du könntest es selbst am besten wissen? Wer verdient an deinem *Aberglauben*?

Ziel des spirituellen WEGES ist es, *keinerlei* weltliche Egowünsche mehr zu haben und nur noch eins manifestieren zu wollen: alles, was GOTT ist = FRIEDEN LIEBE GLÜCK REICHTUM,... Reichtum ist hier spiritueller REICHTUM, daher mit Grossbuchstaben geschrieben. *Trachtet am ersten nach dem Reich Gottes und nach seiner Gerechtigkeit, so wird euch solches alles zufallen.*[10]

Derjenige muss nicht mehr mühsam mit irgendwelchen Wunscherfüllungsbüchern hantieren. Er lebt in dem VERTRAUEN, dass er schon alles hat, was er jemals braucht.

Die Grundregel im Königreich GOTTES, d.h. dem höheren Bewusstseinszustand lautet, dass wir nichts von GOTT bekommen, was wir nicht zum GESUNDEN brauchen. Was wir jedoch brauchen,

---

[10] https://bibeltext.com/matthew/6-33.htm, Stand 20.04.2020

ist immer vorhanden. Wir haben, sobald wir dies erkennen, *ausgesorgt*.

Der Mensch ist also für sich selbst derjenige, der alles durch Manifestation in sein individuelles Leben hereinholt. Nichts kann je ohne seinen Willen, seine Entscheidung und sein innerstes Einverständnis in sein System hineingelangen, also auch nicht in seinen Körper. Seine Unkenntnis dieser Vorgänge und seine relativ niedrige Wahrnehmung von BEWUSSTSEIN lassen das jedoch für den Betreffenden so aussehen. Doch nichts ist so, wie es aussieht. Ruby Nelson schreibt von den *appearances*, den äusseren Erscheinungen, über die Jesus, der CHRISTUSMENSCH, aus dem Höheren Bewusstsein heraus gesagt hat, dass wir ihnen keinen *Glauben schenken* sollen.

Ruby Nelson hat ein anschauliches Bild für den Vorgang der Manifestation beschrieben:

Alles, was sich nach aussen zeigt, war zuerst im inneren, geistigen *Reservoir* des Menschen, mit anderen Worten: in seiner inneren persönlichen Vorstellungswelt, dem unsichtbaren Ort, in dem Bilder und Eindrücke in einem jeden Individuum wie in einer Vorratskammer angesammelt werden, aus der dann alle neuen Ideen geboren werden, die durch Glauben und Vertrauen schliesslich Gestalt annehmen dürfen und somit zur erlebten Erfahrung des Menschen werden.

Das komplette Gerüst, wie jemand die Welt sieht und das Leben erfährt, ersteht und speist sich aus diesem inneren Reservoir. Was zu bestehenden Inhalten passt, wird sehr willig hereingenommen, was nicht dazu passt, also alles Neue und alles Fremdartige wird angezweifelt und meist abgelehnt. Daraus resultiert das übliche, so schwer veränderbare Schubladendenken der Leute. Wer hat die Schubladen befüllt? Welchen Autoritäten folgen sie? Alles, was der Mensch sieht und hört und liest und schaut und erfährt wird in diesem unsichtbaren geistigen Reservoir gesammelt, jeder Eindruck und jede Empfindung, egal ob sie wahr ist oder eine Lüge = ein uns als Wahrheit verkaufter Irrtum.

(mittelhochdeutsch irretuom „Hindernis, Irrung, Ketzerei, Schaden, Streit" [11])

Das macht die Fernsehschule als Erziehungsinstrument so erfolgreich: die Menschen sehen mit eigenen Augen, dass sie eine Berechtigung haben, etwas ihnen visuell Vorgesetztes zu glauben, so wird leicht daraus Vertrauen. Bilder und Symbole gehen dabei wesentlich leichter als Worte und vor allem vom kritischen Tagesverstand unbemerkt wie automatisch in dieses Reservoir ein und verrichten von dort aus ihre zerstörerische Arbeit.

---

[11] https://de.wiktionary.org/wiki/Irrtum, Stand 18.04.2020

Es geht in dieser Welt nicht ums Geld. Nicht um Rohstoffe. Nicht um Macht. Nicht um Grundbesitz. Der Krieg in dieser Welt handelt einzig von SPIRITUALITÄT, und er findet daher wo statt? In jedem einzelnen von uns. Nicht auf einem Schlachtfeld irgendwo da draussen. In jedem einzelnen von uns wütet der Krieg, nämlich in unserem Nicht-Bewusstsein.

Gesundheit und Krankheit(en)

Was ist Gesundheit? Es ist der ideale körperliche und psychische Zustand des Menschen, in dem er vollständig, schmerzlos und funktionsfähig ist. In Wahrheit ist GESUNDHEIT mehr: sie ist ein Aspekt des Höheren Bewusstseins, eine natürliche Folge der Wirkung GOTTES im Leben des betreffenden Menschen. GOTT ungebremst, sozusagen.

Für das duale Denken im Ego-Bewusstsein ist Gesundheit lediglich die Abwesenheit von Krankheiten. Denn in der dualen Welt des Self Consciousness kann es nichts ohne sein Gegenteil geben, daher wird es immer Krankheit geben, solange Menschen in dieser Wahrnehmung feststecken. Alles, was nicht Gesundheit ist, benötigt also *im Bewusstsein der Gegensatzpaare* sein nötiges Gegenstück, daher wurde der Begriff *Krankheit* erfunden. Natürlich gibt es streng genommen kein Gegenteil von GESUNDHEIT, denn diese ist ein Synonym für bzw. Aspekt von GOTT, höchstmöglichem, reinen BEWUSSTSEIN also. „Krankheit" umfasst nach unserem Verständnis sämtliche das subjektive Wohlbefinden störenden Symptome und Erscheinungen. *Was fehlt Ihnen denn?* fragt der Arzt auf väterliche Art und Weise. Die korrekte Antwort auf diese Frage gibt sicherlich niemals irgendein Patient. Wir werden sie später ganz leicht und logisch finden.

HEILUNG und Heilen sind, da sie für alle Menschen existenziell wichtig sind und diese daher viel Geld aufwenden, um sie zu ergattern, beliebte Themen bei den geschäftstüchtigen Vertretern der Mainstreamesoterik. Doch erst aus einem Höheren Bewusstsein, d.h. aus einer anderen, klareren Wahrnehmung der Dinge heraus, werden diese Begriffe korrekt verstanden. Der moderne Mensch hat völlig aus den Augen verloren, dass der Körper keine fehleranfällige Maschine, sondern ein Freund der SEELE ist, mit dem Zweck anzuzeigen, wenn sich der Mensch an irgendeiner Stelle in seiner Wahrnehmung irrt, wenn also an irgendeiner Stelle in seinem Bewusstsein eine Trübung eingetreten ist, eine dunkle Stelle, die es aufzuklären, aufzu*hellen*, also zu *heilen* gilt. Die Worte hell und heil meinen dasselbe.

Wir kennen aus der Mainstreamesoterik die Begriffe hellsehen, hellhören, hellfühlen und verstehen darunter irrtümlicher Weise das zeitliche Voraussehen von Ereignissen oder das Ausspionierenkönnen von Geheimnissen in der Psyche oder dem Körper eines Menschen, die dieser selbst nicht sehen kann.

Hellsehen ist jedoch nicht blosses in die Zukunft sehen, sondern es ist im eigentlichen Sinne ein HEIL-Sehen, eine Verfeinerung des Sehens, des *Erkennens* also auf einer höheren Stufe des Bewusstseins, eine verfeinerte Wahrnehmung.

Das meint: wahr-sehen. Etwas so sehen, wie es in Wahrheit ist und nicht so, wie es erscheint. Gleiches gilt für hellhören = wahr hören, hellfühlen = wahr fühlen. Es sind damit die verfeinerten Sinne des Menschen gemeint, wie sie sich nach dem Wechsel auf die nächsthöhere Bewusstseinsebene = ins Cosmic Consciousness ganz von selbst zeigen. Also weit abseits der vom Self Consciousness motivierten Mainstreamesoterik.

Das Heilsein ist der Grund, warum uns „Engel", also Wesenheiten nahe bei GOTT, dem Höchsten BEWUSSTSEIN also schon sehr nahe, in weissen = hellen Gewändern dargestellt werden. Dadurch soll also ausgedrückt werden, dass sie bereits HEIL sind. Auch Jesus, der CHRISTUS-Mensch trägt niemals einen schwarzen Umhang, sondern helle = reine Gewänder. Im dualen Denken ist weiss = hell = gut = rein (daher porentiefes Weiss der Waschmittelindustrie) und schwarz = dunkel = das Gegenteil dazu, nämlich unheil, bösartig, eine Folge verdunkelten oder stark getrübten BEWUSSTSEINS. Grundlage ist jedoch auch hier BEWUSSTSEIN, und das ist eine alles entscheidende Beobachtung.

Da der Mensch im Self Consciousness sich auf einem relativ niedrigen Wahrnehmungslevel befindet, was bedeutet, dass seine Wahrnehmung noch stark getrübt ist, ist bei einem jeden Erdenmenschen eine ganze Menge an Irrtümern aufzuklären. Niemand auf Erden wird niemals „krank", denn wir alle streben noch auf einem langen Weg der GESUNDUNG entgegen.

Diesen Weg des Hell- oder Klarwerdens nennen wir den spirituellen WEG. Er führt uns in die nächsthöhere Bewusstseinstufe, über die Schwelle und hinein ins Cosmic Consciousness, in eine neue Dimension, das Königreich GOTTES, das Land, in dem die Gegensätze keine Bedeutung mehr haben.

Wahrnehmungs- (BEWUSSTSEINS)-Anhebung und HEILUNG sind gleichbedeutend und Anzeichen von GOTTES Wirken in dir. Was du für den Rest deines Erdenlebens ab Geburt tust, ist HEILEN – im korrekten Sinne von „es heilt in mir". GOTT hat es in Seiner Weisheit so eingerichtet, dass ein jeder für sich selbst heilen muss. Niemandem kann so sein Bewusstseinsweg von einem anderen weggenommen werden, was auch durch das gut gemeinte Hinfortnehmen der Reifungsaufgaben durch einen anderen Menschen geschehen würde. Krankheitskrisen dienen nämlich IMMER der spirituellen Reifung, der GESUNDUNG. Mein LEHRER sagte einmal auf meine Frage nach Heilung[12]: *Meisterschaft besteht nicht darin, alles und jeden um sich her zu heilen, sondern zu erkennen, wann den Dingen ihr Lauf gelassen werden muss.*

Es wird nicht immer eingegriffen, weil eine Krankheitskrise einen fundamental wichtigen Schritt auf der individuellen Gesundungsreise der Betreffenden darstellen kann und in der Regel ein Ent-wicklungs-Booster ist. Um als Mensch heil - also hell - zu werden, ist nicht eine Veränderung der Dinge notwendig, die uns „krank gemacht" haben, sondern eine Veränderung, eine Erhöhung unseres Bewusstseins von den Dingen. Der zu korrigierende Fehler liegt nicht in den Dingen, sondern einzig in unserer Wahrnehmung dieser Dinge.

---

[12] siehe Teil 2 dieser Reihe: Über den spirituellen LEHRER

HEILEN ist also, wie wir gesehen haben, ein reflexives Verb. ES heilt, und zwar IN mir. Niemand konnte oder kann je einen anderen Menschen heilen, erst recht nicht von ein und derselben Bewusstseinsebene aus. Nur wer selbst bereits HEIL ist, kann etwas bewirken, denn derjenige lässt ungefiltert die KRAFT aus GOTT durch sich hindurchströmen, die einzige existierende Wirkkraft also. Niemand im Self Consciousness ist dazu *rein* genug.

Es gibt zahllose Seminare und Kurse und neuerdings ganze „Akademien" und „Schulen", in denen Leuten, so heisst es dort, beigebracht wird, wie sie *andere heilen* können. Das ist natürlich ein seltsames Denken, denn wir wissen bereits, dass niemand etwas in einen anderen hineintun oder herausnehmen kann. Niemand kann etwas „tun", damit ein anderer *von innen heraus* heilt. Zumindest nicht auf die Arten und Weisen, die die Ego-Menschen für die notwendigen Methoden halten. HEILUNG ist eine rein innerliche Korrektur im Begreifen des Betreffenden, initiiert durch seine sich vertiefende Beziehung mit seinem GOTT. An der Oberfläche kann sicherlich *Linderung* geschehen, sofern der „Kranke" wenigstens genug Glauben an den „Heiler" aufbringt. Doch wie alles Irdische ist dies nur temporär. Ohne GOTT kann keine echte

HEILUNG da sein, das liegt in der Natur der Angelegenheit.

Nun ist es keine Strafe, wenn jemand sich unbewusst eine sog. Krankheit herangeholt hat, sondern es ist eine Chance, nämlich etwas Grundlegendes zu begreifen und die dazugehörige innere Fehleinstellung daraufhin zu korrigieren, wieder etwas *heller* zu werden also. Jede Krankheit dient somit der GESUNDUNG, gross geschrieben, da die umfassende Gesundung des gesamten Menschen und nicht nur einer einzelnen Teiltrübung seines Bewusstseins gemeint ist. Was also ist eine „Krankheit"? Keine Bestrafung GOTTES, das ist nun logisch. Es ist eine notwendige *von Oben,* das bedeutet aus dem Höheren Bewusstsein heraus, orchestrierte Entwicklungskrise, notwendig für das menschliche Bewusstsein auf seinem Weg in ein Höheres Bewusstsein. Mein LEHRER erklärte mir einst, dass es nicht darum gehe, Probleme schnellstmöglich wegzumachen, sondern darum, eine veränderte Sichtweise auf es als „ein Problem" zu erlangen, um dann konstruktiv damit umzugehen im Dienste der eigenen Bewusstwerdung. Aufgrund der permanenten Fehljustierung unseres gewöhnlichen Denkens, uns vorgegeben von falschen Autoritäten, sehen wir jegliche Abweichung vom Idealzustand der totalen Wellness als „Krankheit" an, oder als

„Störung". Soweit wäre das nicht schlimm, wenn daraus nicht vollautomatisch gefolgert würde, dass „es" schnellstens weggemacht werden muss, damit wieder Wellness hergestellt werden kann und der Mensch zur Tagesordnung zurückkehren kann. Doch von welcher Art Wellness reden wir hier? Und hat die bisherige „Tagesordnung" nicht das Symptom erforderlich gemacht? Wenn es der Sinn dieser Welt wäre, dass ein jeder Mensch leidlos über die Runden käme, dann wäre es so. Das ist ein einfacher Gedanke, denn GOTT ist allmächtig. Nun sehen wir tagtäglich, dass es so nicht abläuft. Jeder Mensch leidet in seinem Leben auf der Erde = auf dieser Bewusstseinsstufe. Das liegt daran, dass er nicht zu jeder Zeit in seinem Leben GOTT gewählt hatte, sondern viele, viele Fehlentscheidungen getroffen hat und weiterhin trifft. Das ist normal, denn der Mensch auf dieser Stufe, der Stufe unmittelbar nach dem niedrigen Animal Consciousness, also auf der nächsthöheren Stufe des sog. Self Consciousness, wähnt sich allein und autark handelnd und stuft seine Hirnleistung als weit wichtiger ein, als sie tatsächlich ist. Erst wenn das Höhere Bewusstsein anklopft und der Mensch sich auf die wiederum nächste Stufe des Wahrnehmens begibt, verändert er sein Denken und Handeln entsprechend. Vorher ist es ihm weitgehend unbewusst, wie die Dinge zusammenhängen, und DASS sie zusammenhängen. Solange jemand auf der Stufe des Self Consciousness ist, dreht er sich mit im sog. Karma-Rad, solange, bis er dort aussteigt und ins Höhere Bewusstsein, das nächste Spiel-Level also, eintritt.

Das Bewusstsein eines Menschen erzeugt *in sich* einen physischen Körper zwecks sichtbarer und fühlbarer Darstellung seiner Inhalte. Das Bewusstsein ist nicht in dem Körper, es ist das Umhüllende und zugleich das ihn durchdringende Element. Der Körper ist im Bewusstsein des Menschen.

Was sind das für Irrtümer im Bewusstsein, die Heilungskrisen heraufbeschwören =
not-wendig machen?

Der Mensch im Self Consciousness zeichnet sich, wie wir bereits gesehen haben, dadurch aus, dass er sich als von GOTT getrennt wahrnimmt. Diese Idee wird von ihm so in dem unsichtbaren Reservoir seines Inneren gehegt und gepflegt. Sie wird mit schöner Regelmässigkeit überall wiedergekäut, und er beobachtet das entsprechende *evidente* Verhalten und Erleben zudem an seinen Mitmenschen. Nun wird schon jedem Kleinkind ausgetrieben, sich jemals für etwas Besonderes halten zu dürfen, damit es sein inneres Reservoir artig mit den gleichen, von anderen Menschen erwünschten Inhalten bestücken wird. Es macht vielleicht anderslautende eigene Erfahrungen, doch es wird sie verwerfen und sich sehr sicher dem Druck der Autoritäten = Erwachsenen beugen. Der, der das nicht tut, vielleicht aufgrund des Grades seiner inneren Wahr-Nehmung nicht tun *kann*, bleibt lebenslang ein seltsamer Freak in den Augen der anderen. Ich weiss, wovon ich schreibe.

Diese gegenteiligen, da liebevollen und befreienden GOTTESerfahrungen können wir nun als Erwachsene jederzeit immer noch machen - doch machst du sie? Deine inneren Denkschubladen hinderten dich bisher daran. Du wusstest nicht, dass dir das möglich ist. Jetzt spürst du eine aufregende Verheissung in dir.
Das Menschenbild eines Individuums korrespondiert mit seinem GOTTES-Bild, diese beiden sind untrennbar, denn GOTT ist vom Menschen untrennbar, auch wenn dessen eingeschränkte Wahrnehmung noch etwas anderes behaupten mag. Die Beziehung Nummer eins in einem jeden Menschenleben ist die Beziehung mit GOTT. Hier scheitern die meisten an einer fehlerhaften Definition von GOTT.
GOTT = LIEBE = LEBEN
Alles was lebt, lebt durch und in und wegen GOTT. Jeder atmende Mensch, der also GOTT in

sich leugnet, leugnet nur die Tatsachen. Das ist nur Ego in Höchstform.

Das Menschenbild des modernen Menschen lautet seit Jahrtausenden, dass es angeblich einen „Gott" gäbe, der ihn nicht besonders mag, ausser er verhält sich wohl und gehorcht. Er nimmt sich als Sünder wahr und glaubt obendrein die Lüge, er sei ein Tier mit lediglich grösserer Intelligenz. In der Folge verhält er sich wie ein Tier und ernährt sich von seinen Artgenossen, den anderen Tieren. Ich behaupte, dass es keinen Menschen mit Cosmic Consciousness gibt, der noch Tiere isst.

Der Mensch lässt sich als mit bösen Instinkten ausgestatteter besserer Affe herumschubsen und belügen und in einen sehr kleinen Bewusstseinskäfig sperren. Dieser Käfig springt auf just in dem Moment, in dem der Mensch in einem initialen Schwellenerlebnis ins Cosmic Consciousness gehoben wird.[13] Dies erfordert Vorbereitung, d.h. innere Arbeit.

Eine Lektion aus meinem Krankenhaus-aufenthalt rund um die Tumor-OP war, dass es im menschlichen Leben nicht ums Vermeiden geht, sondern um das Annehmen. Und wer nur der Wellness hinterherjagt und allem Schweren durch Geld, Versicherungen, Vorsorgen und Weglaufen

---

[13] siehe hierzu ausführlich mein Buch Sanft wie Schafe II - Auf der Suche nach Menschen mit Cosmic Consciousness

entkommen will, der lernt GOTT niemals kennen. Leichtsinn und Herbeiprovozieren sind dennoch ein ebenso falscher Weg. Der Mensch muss sich alles, *was für ihn ist*, einfach nur von GOTT *zur rechten Zeit* bringen lassen – und es dann annehmen. Es besteht keinerlei Grund zur Furcht. Natürlich ist die gesamte zu Lehrzwecken niedergeschriebene biblische Jesus-Geschichte eine Beschreibung von Umständen rund um eine extreme Grenzerfahrung. Und ohne eigene Grenzerfahrung ist sie denn auch nicht nachlebbar. In einer individuellen Grenzerfahrung jedoch zeigt sich GOTT - wie in einem Bühnenstück, das plötzlich für einen selbst privataufgeführt wird.

Mir begegneten damals Menschen, die bittelten und beteten zu GOTT, dass der Kelch an mir vorübergehen möge. Doch warum? Es wäre sinnvoller gewesen, mir Kraft, d.h. genug Begreifen zu erbitten, das zu er-tragen, was GOTT für mich vorgesehen hat. *Nicht mein Wille, sondern Deiner geschehe.* Das ist das Schwerste, was ein Mensch schaffen kann. Nicht dauernd mit GOTT verhandeln zu wollen, obwohl in dem klaren Wissen, was auf einen zukommt. Zu sehr steckt in unseren Köpfen, d.h. letztlich in unserem verborgenen Reservoir, die esoterische Parole des

Wir sind selbst Götter und können durch korrektes Wünschen alles in Wellness umzaubern.

Dem ist nicht so. Darum geht es nicht unterWEGs. Merke: Dauer-Wellness und ein jugendlich-strahlender Körper sind *keine* Markierer des Weges. Ob es eine spontane HEILUNG gibt oder nicht, liegt einzig in GOTTES Hand. Nichts kann IHN gleichfalls davon abbringen, dich zu bearbeiten. Das Ego kreischt auf, wenn es so etwas hört, vergisst es doch immer wieder, dass GOTT alles GUTE ist und dass HEILUNG LIEBE FRIEDEN GLÜCK Synonyme für GOTT sind. Ego macht es lieber alles selbst und nach eigenem Gutdünken.

Ein Mensch im Self Consciousness mag diese Idee rein gar nicht, dass GOTT alles unter Seiner Fuchtel hat, denn ein Kennzeichen des Ego-Bewusstseins ist Kontrollwahn. Das Ego, das sich, wie schon gesagt, autark wähnt, kann es auf den Tod nicht leiden, etwas nicht beeinflussen oder kontrollieren zu können. Doch das ist der Fakt seines Daseins: es KANN nichts kontrollieren.

Dass es das trotzdem glaubt, ist die vorherrschende Illusion seines Wesens. Der Schritt hinaus aus diesem verdrehten Bewusstsein hinauf ins Cosmic Consciousness ist ein sehr schwieriger, grosser Schritt und erfordert, aus Sicht des Self Consciousness, eine Menge Arbeit.

GOTT hilft – indem ER alles zur Disposition bereitstellt, was helfen kann, alles und jedes Mittel sind IHM recht, damit der betreffende Mensch seine Lektion schafft. Dazu gehört auch manch eine Heilungskrise.

Vielleicht brauchst du es, ganz unten aufzuschlagen, als Notbremse deiner SEELE vielleicht, damit du dich endlich, endlich umwendest und den richtigen WEG für dich findest. Nur du kannst das herausfinden, im Dialog mit deinem GOTT. Oftmals beginnen die Leute erst in schmerzvollen Situationen, sich an GOTT zu wenden, und sei es zunächst nur, um IHN anzuschnauzen. Alles ist hilfreich. IHN stört das wenig, wie du dich IHM näherst.

Also will ein jeder Mensch das, was ich als GOTT betitele. Ausnahmslos. Jeder sehnt sich danach, jeder will in SICHERHEIT sein. Jeder will in GOTT sein. Es ist nur eine kleine Vokabeländerung. Was fehlt Ihnen? fragt der Arzt. Die Antwort lautet ausnahmslos: GOTT!

Nichts, was lebt, wird IHM je entkommen, nichts kann IHM entkommen, denn in IHM leben wir und wegen IHM. Auch die, die sich dessen noch nicht bewusst sind. Wenn GOTT dich lebend will, lebst du. Wenn du dich als lernresistent erweist, oder einfach wenn deine Entwicklungszeit für diesmal herum ist, wird die Inkarnation abgebrochen. Es ist das Zusammenspiel mit IHM, der Dialog, das tagesweise Absprechen, wie weiter vorgegangen wird, das alles entscheidend ist. Doch wer von all den kranken, vor dem Drachen zu rettenden Jungfrauen da draussen ist sich darüber bewusst und führt diesen göttlichen Dialog? Es gibt kein Schicksal, das heimtückisch von aussen über einen Menschen hereinbricht. Es sind bewusstseinsmotivierte Korrekturschritte, die Anpassungsleistungen in Denken und Handeln erfordern, in enger Teamarbeit des Betreffenden mit GOTT. Das ist ARBEIT, oh ja, und was für welche, jedoch keine Strafe.

Es gibt auf der Erde keine Opfer.

Wie kommt es, dass ich zwar die WAHRHEIT über den Menschen und HEILUNG soweit verstanden habe, Kenntnis davon habe, es weitgehend verinnerlicht habe (was ich daran merke, dass mir die Ideen der Leute und somit meine eigenen von früher, aus meinem Leben vor CHRISTUS, d.h. vor dem Übertreten der Schwelle hinein ins Cosmic Consciousness, völlig seltsam vorkommen) – und doch präsentiert mir der Körper ein gegenteiliges Bild in Form einer gelinde gesagt: *Katastrophe* namens Tumorszenario?

Ist es so, ist es ein gegenteiliges Geschehen? Oder ist es nicht vielmehr *die Folge* meines Entschlusses: *Ja, CHRISTUS, ich will hinein in das Höhere Bewusstsein!*

Wir wissen, dass das Ticket in den HIMMEL nichts ist, was wir mitbringen, sondern etwas, was wir zurücklassen. Etwas = alles. Fakt ist, wir können dort *hinauf* (bildlich gesprochen) NICHTS mitnehmen. Keine Altlasten, sprich: keine Lügen vergangener Zeiten und Generationen. Das innere Reservoir muss sauber sein, porentief rein. Ich scherzte noch vor der Darmspiegelung (bei der überraschend der Tumor entdeckt wurde), dass nun an der dunkelsten Stelle Licht angemacht und rein geschaut wird, wo sonst nie die Sonne scheint. Und wenn ich mir klar mache, dass das Körpergeschehen eine Analogie ist, nichts weiter, dann machte GOTT damals am dunkelsten Punkt meines Lebens eine Menge LICHT. Denn ich kann die dort ansässig gewordene Lüge (Tumor auf Körperebene) nicht mitnehmen, dorthin, wo ER mich hinhaben will. Es muss angeschaut werden. Er hat die LÜGE ans Licht geholt (Operation).

Energie kann nicht verschwinden: Programme und Lügen über das Menschsein und unsere Beziehung zu GOTT also auch nicht – sie müssen korrigiert und daraufhin umgewandelt, transformiert werden. Dies ist ein auf irdischer Ebene schmerzhafter Prozess, wie jeder weiss, der den WEG geht. Es gibt keinen Fluchtweg drumherum. Wer hier auf Erden inkarniert ist, hat Arbeit zu tun. Wer störungsfrei durch diese Inkarnation segelt, was hat der gelöst? Er nimmt alles brav mit -zur nächsten Runde des Menschseins im Self Consciousness, bei seiner Reinkarnation. Es gilt, herauszufinden, welche Lüge(n) über sich selbst derjenige „Betroffene" geglaubt hat, viele, viele Jahre lang, vielleicht lebenslang, so dass er irgendwann in seinen Untiefen des Körperwesens begonnen hat, sich selbst zu vernichten. Natürlich ist es weitaus schmerzhafter (für das Ego) anzuerkennen, dass nicht etwas von aussen über es hereingebrochen ist, sondern dass der Mensch selbst die Verantwortung für die Symptomatik trägt – was jedoch gleichzeitig die Chance eröffnet zu erkennen, dass er auch dafür verantwortlich ist, den Kampf endlich sein zu lassen und sich stattdessen der HEILUNG = GOTT zuzuwenden.

Die Aufgabe, die „der" Krebs uns stellt, ist, wir selbst zu SEIN. Nicht mehr dagegen anzukämpfen. Leider wird in öffentlichen Berichten nie erzählt, was hinter den Kulissen im Leben der Leute los war, weil nicht bekannt ist (oder bekannt werden darf...), wie die Zusammenhänge rund um die Symptomatik sind. Meistens versuchen sie, so weiterzuleben wie bisher, da heisst es z.B. von einer berühmten

Sängerin: „Sie kämpfte sich zurück auf die Bühne" (der Körpersymptomatik…) vermutlich nicht begriffen habend, dass da doch offensichtlich vorher bereits etwas Entscheidendes verkehrt gewesen war – oder warum wurde das Symptom not-wendig?

Nach wie vor empfinde ich dieses „Krankheits"-Geschehen in meinem Leben als einmalige Chance, etwas über HEILUNG und das Zusammenspiel von GOTT und Körperebene, von Transformationsprozessen an sich zu begreifen. Anlesen lassen sich diese Dinge nicht, sie wollen zu Fuss erwandert werden. Die Angelegenheit stärkte meinen Mut, mit meiner „Besonderheit", meinem Leben an der untersten Stufe des Cosmic Consciousness, nach aussen zu gehen, in Gestalt der Bücher, die ich seitdem darüber veröffentliche. Ich wehre mich nicht mehr gegen mein Besondersein; ich habe mein inneres Reservoir diesbezüglich gereinigt und meine anderslautenden, da positiven GOTTES-Erfahrungen als WAHR (an-) genommen.

Es gilt also, die Lügen über uns zu ent-decken und durch die WAHRHEIT über uns ersetzen *zu lassen*. Durch wen? Durch andere Leute? Schlaue Bücher? Freundliche Freunde? Nein, natürlich nicht. Die WAHRHEIT über einen Menschen kann nur von diesem selbst erfahren werden, niemals angelesen oder durch andere vorgeplappert. Nichts ersetzt die tatsächliche Erfahrung mit GOTT. Um diese Erfahrung zu erleben, muss eine vertrauensvolle Bindung an die Quelle unseres Glücks, Gesundheit, Wohlbefindens erfolgen. DANN geschehen Zeichen und Wunder. Frei nach Ruby Nelson: *Zeichen folgen dem Vertrauen, doch niemals gehen sie ihm voraus.* Ich nahm vor der OP sehr klar wahr, wie nah die bodenlose, haltlose Panik dem vertrauensvollen Fallenlassen ist. Es ist nur ein Schrittchen nach rechts. Vielleicht haben deshalb die meisten Menschen einen Hang zu Versicherungsabschlüssen und Vorsorgen

(= schon mal im Vorfeld Sorgen machen, bevor ein tatsächlicher Grund entstanden ist).

Wirkungsweisen

Wir erkennen GOTT niemals direkt, das ist unmöglich, doch wir können IHN anhand Seiner Wirkungen in unserem Leben ausfindig machen. Das ist möglich an den von Menschen erlebbaren, hohen Zuständen GLÜCK GESUNDHEIT LIEBE FRIEDEN FREIHEIT. Im Self Consciousness sind diese nicht in reiner Weise erlebbar, sondern lediglich ihre „kleinen Geschwister", temporäre d.h. vergängliche, aufflackernde und wieder verschwindende Varianten von ihnen.

Gleichfalls hat der moderne, ego-bewusste Mensch vergessen, dass GOTT hinter allem steht, was ihm im Leben jemals wiederfährt. Stattdessen hat der Mensch in seiner Unbewusstheit die Ursache seiner Leiden und Symptome neudeutsch: *outgesourced* und dem *anderen*, dem sog. Teufel in seinen zahlreichen Verkleidungen zugeschrieben.

Auf der Entwicklungsstufe des Self Consciousness gibt es im Bewusstsein eine scharfe Trennung von innen und aussen. Aussen sind die Feinde: andere Menschen, Bakterien, der Chef, die Schwiegermutter, die Banker, beissende Hunde, Illuminaten, Krankheiten jeder Art. Ebenso besteht passend dazu der Glaube, dass dieserlei Feinde mit ebenfalls äusseren Mitteln abgewehrt oder ausgeschaltet werden können. Das Erscheinen eines solchen als „Feind" deklarierten Einflusses auf der eigenen Lebensbühne wird nicht als Gelegenheit zur Bewusstwerdung gesehen, sondern als Angriff auf das Ego, das immer nach persönlicher Sicherheit schielt und das all sein Denken und Tun auf Abwehr ausgerichtet hat. Bekämpfen und Vernichten von allem, was anders und fremd erscheint, ich sage absichtlich: *erscheint*, ist sein täglich Brot. Diese

Bewusstseinsstufe wird in unserer Gesellschaft u.a. aus Profitgründen gefördert und gefüttert, sei es durch Politik (Überwachung, Schutz vor dem Feinde, Aufrüstung und alles was dazugehört) oder durch die Schulmedizin (Impfungen, Antibiotika, Medikamente etc.) – immer geht es um den Krieg gegen das Andere. So spielen alle fein zusammen dasselbe Spiel. Ich stolpere über diese Kriegsterminologie, wann immer sie verwendet wird, weil ich mich frage, wie eine Zusammenarbeit mit solchen Generälen für jemanden wie mich aussehen soll?

Die Gesichter des Feindes sind also im Zusammenhang mit Gesundheit und Krankheit Viren, Bakterien, der bösartige Krebs, oder andere unbegreifbare Erscheinungen, die richtige Namen wie Personen bekommen, wie Alzheimer oder Parkinson. Diese Benennungen dienen dazu, die Symptombilder zu eigenständigen Wesen hochzustufen, die im Verständnis ausserhalb des Menschen umherschwirren und ihn von dort aus heimtückisch heimsuchen und gar „sein Leben" bedrohen können. Wenn überhaupt, kann jedoch nur die aktuelle Inkarnation bedroht werden, denn das LEBEN des Menschen selbst ist ewig und unantastbar. Warum ist das so? Weil GOTT das LEBEN und das BEWUSSTSEIN des Amlebenseins in uns allen ist.

Zusätzlich wurde die Mär *in die Welt gesetzt*, man könne sich bei einem anderen Menschen an dessen Symptomen = Irrtümern „anstecken", was den anderen gleichfalls zum potentiellen Feind und Bedroher der eigenen Gesundheit degradiert. Hier wird bereits klar, auf was all dieses Gewese abzielt: Es geht um den irdischen Grundsatz von Trennung und Krieg. Natürlich lautet die grundlegende, *natürliche* Lebensregel ganz anders. Denn es gilt: ZUERST innen - DANACH aussen. Das ist das Grundprinzip jeglicher Manifestation. Es kann nichts von aussen hereinkommen, für das nicht zuerst innen der Nährboden bereitet wurde, und zwar durch eigene Entscheidung des betreffenden Menschen. Es kann nichts jemals in einen Menschen von aussen *ohne dessen Willen und Zutun* hineingebracht werden, nichts „Gutes" und nichts „Böses" oder „Schlechtes". Es muss ZUERST innen die nötige Grundlage zur äusseren Manifestation geschaffen worden sein, damit der Mensch etwas in seinem Leben erfahren kann.

„aussen" heisst hier nicht ausserhalb des Körpers, sondern ausserhalb der Geistesebene, und innen heisst nicht im Körper, sondern innerhalb des unsichtbaren Reservoirs auf der geistigen Ebene des Menschen.

„Im Körper" ist somit bereits „ausserhalb", nämlich des Geistes.

Der Mensch ist mit anderem Begriff *ein Manifestierer*.

Passend zu den vermeintlich von aussen angreifenden Feinden = Krankheitserregern gibt es entsprechende Waffen, mit denen der Mensch im Self Consciousness seiner kriegerischen Denkweise entsprechend vermeintlich vernichtend gegen den Feind vorgehen kann. Diese Waffen kennen wir unter der Bezeichnung „Medikamente". Diese haben, so sagt man uns, eine bestimmte Wirkung, hervorgerufen durch enthaltene „Wirkstoffe". Diese sind „geprüft" und von „Experten" empfohlen. Hierdurch wird Autorität aufgebaut, die zu dem notwendigen Vertrauen führen soll, den Zutaten für eine erfolgreiche Manifestation gemäss. Es wird also nicht allein um des Verkaufens willen Werbung mit solchen Begrifflichkeiten gemacht, sondern damit das verkaufte Mittelchen auch „wirkt" und somit weit häufiger verkauft wird als es ohne dem geschehen würde. Gleichzeitig wird dein Vertrauen in „äussere" = sekundäre (Schein-) Autoritäten gefestigt, was das Allerwichtigste ist. Nur so wird ein Mensch zum erwünschten unbewussten Konsumenten.

Allerdings gibt es Zugriffsbeschränkungen auf diese Waffenarsenale, und die Hüter derselben sind die Apotheker und die Ärzte: Waffenscheine dürfen nur Ärzte ausstellen, sog. Rezepte (vom lateinischen recipe = „nimm"[14]), die uns sagen, was wir wie oft (her)einnehmen müssen, und einlösen kann der Mensch diesen Schein nur in der Apotheke.

Es hat sich eine milliardenschwere Geldindustrie (vgl. auch die Börsennotierungen der Pharmakonzerne) rund um diese Wettrüstungsvorgänge aufgebaut, die darauf angewiesen ist, dass jede folgende Menschheitsgeneration immer wieder und weiter an dieselben Grundsätze glaubt. Doch diese dürfen mit Recht hinterfragt werden.

Die WAHRHEIT ist:

LEBEN ist unberechenbar, unbezähmbar, nicht versicherbar, es gibt keinerlei Garantien für irgend etwas, und niemand auf Erden kann es durch Versicherungen, Vorsorgen oder Medikamente oder durch Impfungen in einen kontrollierbaren Käfig sperren. Ärzte haben Angst vor dem Körper, der eine eigene, ihnen undurchschaubare Macht besitzt und ein ganz eigenes Wesen ist, das ihnen für immer fremd bleibt, weshalb sie versuchen, es zu dressieren.

Patienten haben Angst vor Ärzten, die ihnen als gottgleiche Autoritäten hingestellt werden, und vor ihrem eigenen unkontrollierbaren Körper, den die Ärzte ihnen als nackte Gefahr verkaufen, der

---

[14] https://de.wiktionary.org/wiki/Rezept, Stand 19.04.2020

man Einhalt gebieten muss durch Anti-Bio-tika und Gifte, damit diese trotzige Maschine tut, was man will - und nichts anderes.

Und doch sollten diese studierten Menschen genug Intelligenz besitzen um genauestens zu wissen, dass sie ihren „Patienten", die alles *geduldig* glauben, lediglich einen Irrtum verkaufen.... Siehe Patient bzw. Patientin aus lateinisch patiens ,leidend', ,aushaltend', ,ertragend', bzw. erdulden', ,leiden'[15]. Wem du Autorität verleihst, dem schenkst du deinen GLAUBEN = deine KRAFT.

Denn wie funktioniert ein sog. *Medikament*? (lat. medicāmentum 'Arznei-, Gift-, Zaubermittel', zu lat. medicārī 'heilen'[16])

Die Kopfschmerztablette hat in meiner Vorstellungswelt die Fähigkeit, den Schmerz wegzumachen, das ist mein GLAUBE. Jemand hat das mir gegenüber behauptet, und ich habe das in mein inneres Reservoir übernommen. Diese Fähigkeit schreibe ich ihr also zu, aufgrund ihrer wissenschaftlich zusammengestellten Inhaltsstoffe, also angeblichen Eigenschaften, von denen man mir berichtet hat. Da ich es von vielen anderen, mir persönlich bekannten Menschen

---

[15] https://de.wikipedia.org/wiki/Patient, Stand 18.04.2020
[16] https://www.dwds.de/wb/Medikament, Stand 19.04.2020

gleichfalls erfahren habe, wurde mein GLAUBE und schliesslich VERTRAUEN darauf stark genug. Und die Wirkung kann ich folgerichtig daraufhin auch bei mir selbst beobachten = Schmerzfreiheit nach der Einnahme der Tablette.

Die Tablette an sich „kann" nichts. Der Motor zum Erfolg liegt *einzig* in meinem Bewusstsein. Gleiches gilt für Nebenwirkungen im „negativen" Sinne des Erfolges. Darum gibt es auf jedem Beipackzettel diesbezüglich so eine lange Auswahlliste weiterer Störungssymptome zum ins-Reservoir-Hineinnehmen und schriftliche „Hinweise zur (her-) Einnahme". Mit Medikamenten werden heutzutage noch Milliarden verdient.

Logisch ist, dass es vom Bewusstsein her besehen kein einziges „wirksames" Medikament auf dem Planeten Erde gibt, gab oder je geben wird. Fakt ist, dass die Wirkung immer nur diejenige sein wird, *die der Anwender dem Mittel vertrauensvoll zuschreibt.* Denn die Wirkung liegt und erfolgt EINZIG im Bewusstsein des Anwenders. Zuerst innen im Bewusstsein - *danach* aussen, d.h. aussen im Körper.
Nun gibt es, wie bereits angedeutet, bei all dem eine grosse Hürde, aus gewisser Sicht ist es eine grosse Chance: das programmierte

Massenbewusstsein. Je mehr Individuen einen Glaubenssatz bereits für wahr nehmen, desto stärker ist das ihn umgebende KRAFT-Feld (aus der KRAFT der einzelnen Individuen), und umso leichter ist es für Neuankömmlinge, sich in dasselbe Feld einzuklinken. Der Glaubenssatz ver-wirk-licht sich dann wesentlich schneller, als wenn einer allein ihn als erster durch Glauben-Vertrauen in die eigene Lebensrealität bringen müsste. Das sind dann die Mittel, die sich „bereits bewährt" haben. Schau genau.

Wer sich hat programmieren lassen, dass eine bestimmte Tablette mit einem bestimmten Inhaltsstoff Kopfschmerz beendet, braucht nichts mehr zu bewirken, der klinkt sich einfach in diesen Massenglauben wie in ein vorbereitetes Feld ein, und der Zug fährt sehr viel leichter, als wenn er der erste und einzige Mensch wäre, der sich den Glauben an diese Sache erstmalig erarbeiten müsste. Ruby Nelson erinnert uns in ihrem sagenhaften Buch, dass es entscheidend wichtig ist, aus den *race beliefs*, dem Massenglauben der erdenmenschlichen Rasse auszusteigen, um ggf. eigene, sinnvollere Programmierungen vornehmen zu können, die dem CHRISTUS-WEG entsprechen, statt dem hier üblichen Weg alles Irdischen. **Doch Vorsicht ist wie stets geboten: Dies bedeutet *nicht*, dass** deine Medikamente nichts bei dir bewirken können. Nimm sie schön weiter, doch erkenne, dass es einzig und allein *in dir selbst* liegt, *weshalb* sie wirken. Dies gilt jedoch auch für die sog. Nebenwirkungen.

Schau dir an, mit welchen Signalwörtern sowohl in Medikamentenwerbung wie auch bei Lebensmitteln um deine KRAFT gebuhlt wird, wie dir Autorität vorgegaukelt wird, wo in Wahrheit keine sein kann, da die einzige wirksame AUTORITÄT = GOTT ist, bzw. Sein Ausdruck als KRAFT in dir selbst. Beobachte, wem du VERTRAUEN schenken sollst, damit dir die von denjenigen erwünschte Manifestation gelingt, damit sie sich an dir bereichern können. Da findest du Formulierungen wie die folgenden: „enthält geprüfte und wirksame Inhaltsstoffe, von einem unabhängigen Institut geprüft, aus dem Labor von Dr. XYZ, von Experten empfohlen, Testurteil sehr gut, seit langem bewährt, ..." sieh selbst hin - und denke.

Es gibt in (spiritueller) Wahrheit nur EINEN, der Wirkungen erzeugt, da ER allein BEWUSSTSEIN ist: Nur GOTT allein ist derjenige, der etwas bewirken kann. Alle Kraft und jede Wirkung ist nur eine von IHM entliehene, von IHM, der freigebig Sich selbst uns schenkt, immer, in jeder

Sekunde, und jeder einzelne Atemzug irgendeines Menschen auf Erden ist der Beweis dafür. Jede KRAFT ist eigentlich GOTT. Wer GOTT sehr nahe ist, wie ein Jesus, der hat scheinbar grosse persönliche KRAFT, doch in Wahrheit ist er einfach aus dem Weg gegangen und lässt mehr von GOTT durch sich wirken, als es anderen Menschen auf Erden bisher gelungen ist. Für einen Menschen mit solch hohem Bewusstseinsstand gibt es kein Gegenteil von GESUNDHEIT, denn es gibt kein Gegenteil von GOTT, und Er weiss das ohne jeden Zweifel, weshalb es für Ihn erlebte Erfahrung geworden ist.

Ärzte können vielleicht Symptomfreiheit in einer bestimmten Angelegenheit verkaufen, die dann eine Symptom*verschiebung* innerhalb des menschlichen Systems sein MUSS, da niemand sich um die grundlegende HEILUNG kümmert... also wird sich der kluge, weise Körper, der dem Menschen immer treu dient, eine *neue* Bühne für das Zeigen des innewohnenden Irrtums, der Trübung im Bewusstsein des Patienten, suchen. Das einzige, was wir Menschen hier unten haben, um in dieser einzigartigen, gewaltigen Unwägbarkeit namens LEBEN, der ständig in Wandlung und Fluss seienden, ewig sprudelnden Gestaltwerdung der GÖTTLICHEN Kraft, in

Frieden und Zuversicht existieren zu können, ist eben dies: unser GOTT.

Zu bestimmen, was für den individuellen Bewusstwerdungs-Weg auf lange Sicht dienlich ist, das liegt ausserhalb des kleinen erdenmenschlichen Self Consciousness. GOTT bestimmt dies, erst dann ist es stimmig; es ist, wie alles, was aus GOTT stammt, *unverfügbar*. Niemand kann GOTT zu einem Handel zwingen. Der einzige Ausweg aus dem ewigen Kämpfen ist, sich GOTT zu überlassen, damit nicht durch das ständige Sichwehren und Abwehren und Bekämpfen durch den kleinen Ego-Verstand alles unnötig erschwert wird. Sich von GOTT in absolutem VERTRAUEN durch eine Krankheits-Krise hindurchführen zu lassen, das ist der einzige WEG zur echten und daher dauerhaften HEILUNG. Und Heilung bedeutet nur eins: zunehmende Bewusstwerdung.

Ich hege keinesfalls die Absicht, anderen Menschen ihre Therapien auszureden. Jeder muss das tun, was er oder sie für ihr oder sein eigenes Leben für richtig hält. Ich muss ebenfalls das tun, was *mein* WEG mir vorgibt, und das muss nicht beides dasselbe sein.

Dein Weg kann und wird ganz anders verlaufen als meiner. Doch kritische Vernunft ist immer angesagt, das ist die Mindestanforderung an einen erwachsenen Menschen. Und ein jeder muss sich weiträumig informieren. Nie waren mehr Informationen für jedermann zugänglich als heute; wir leben in einer Zeit, in der nicht mehr nur der Klerus die entscheidenden Bücher zur Verfügung hat. Solange diese Freiheit besteht, müssen wir sie nutzen. Früher haben die Pastoren den Schäflein von der Kanzel aus mit dem Fegefeuer und qualvollen Todesszenarien gedroht, um sie unter ihre Fuchtel zu bekommen. Darüber lacht der moderne Mensch. ...und wird in der nächstbesten Arztpraxis mit demselben konfrontiert (eigene Erfahrung).

Neulich las ich in einem Buch[17] über Channeling sinngemäss, solange in unserer Gesellschaft Ärzte besser bezahlt und höher angesehen würden als Priester, wir leicht ablesen könnten, wo unser „Gott" steckt.

Es bleiben trotz aller Erkenntnis immer Fragen, die noch beantwortet werden wollen, und jeder von uns ist aufgerufen, die Antworten zu finden. Wer allerdings nur Bücher und Internetblogs liest und sich doch selbst nie wirklich auf GOTT einlässt, der wird allerhöchstens im Stadium des

---

[17] A Channeling Handbook, von Carla L. Rueckert, L/L research,1987

vagen Glaubens stecken bleiben. Der erste, kleinste Schritt im Vertrauen ist jedoch schon der grösste Schritt, den ihr je machen werdet. Nicht mehr alles steuern und lenken wollen.... Deinen all-mächtigen GOTT in all Seiner Weisheit dich liebevoll führen lassen, nur so entstehen sog. *Wunder*. Und nur so kommen die *selbst erlebten* Antworten.

„Es ist ein Unterschied, etwas *über* mich zu wissen und *mich selbst* zu kennen" – im Englischen: *It is a difference between knowing Me and just knowing about Me*.[18] Solange du nicht dein komplettes Leben vollständig GOTT überlässt, ohne jeglichen Gedanken an später, glaubst du noch, dass du etwas allein bewirken kannst. Doch die WAHRHEIT über dich und deine Beziehung zu GOTT lautet: *Ich kann aus mir selbst heraus nichts. GOTT = BEWUSSTSEIN allein ist der, der alles bewirkt.*

GOTT zu Vertrauen bedeutet, sich Seinem WILLEN vollständig unterzuordnen, nicht aus Resignation oder ängstlichem Gehorsam, sondern aus LIEBE. Jede kleine Sorge um Morgen ist ein Zeichen mangelnden VERTRAUENS und macht dich zu leichter Beute für falsche „Autoritäten".

---

[18] vgl. Ruby Nelsons Buch

Entweder der Mensch hat Angst, oder… er hat GOTT. Es gibt kein Zwischending. Beobachte dich selbst.

Es geht nicht darum, „das System" zu stürzen. Der Krieg fand noch nie im Aussen statt. Es geht einzig darum, in deinem Inneren die Autorität wieder zurück zu der Instanz zu verlagern, die als einzige AUTORITÄT hat: GOTT. Du kannst alle weltlichen Produkte und Mittelchen weiter benutzen und anwenden, doch vergiss nie mehr, wem dein VERTRAUEN gelten muss. Diesen inneren Dialog mit deinem GOTT zu führen ist das Wichtigste, was du je in deinem Leben tun wirst. Wer keine Angst mehr hat, den kann niemand mehr von aussen lenken. Pflege deinen inneren DIALOG und werde GESUND.

Je mehr BEWUSSTSEIN in einem Menschen aufleuchtet, desto grösser wird der Radius seines Begreifens, das bedeutet: Es nimmt kosmische Ausmasse an, weil es grenzenlos wird wie der Kosmos, daher: *Cosmic Consciousness.* Sachverhalte nicht unhinterfragt zu übernehmen – sondern sie zu prüfen und probeweise einmal in ganz andere Zusammenhänge zu stellen, das sind erste Schritte auf dem Weg ins Cosmic Consciousness.

Schreib an: cosmicsense@online.de